Dados Internacionais de Catalogação na Publicação (CIP)
(eDOC BRASIL, Belo Horizonte/MG)

S232v Santana, Vinicius.
Você me deixaria escrever sobre você? / Vinicius Santana; [ilustrações do autor]. – Colatina, ES: Ed. do Autor, 2019.
132 p. : il. ; 13,97 x 21,59cm

ISBN 978-65-80449-04-0

1. Literatura brasileira – Poemas. I. Título.
CDD B869.1

Elaborado por Maurício Amormino Júnior – CRB6/2422

Copyright © 2019 Vinicius Santana
Todos os direitos reservados.

Capa © Vinicius Santana
Revisão: Olney Braga e Jéssica Oliveira

VOCÊ
ME DEIXARIA
ESCREVER
SOBRE VOCÊ?

VOCÊ ME DEIXARIA ESCREVER SOBRE VOCÊ?

VINICIUS SANTANA

eu faço dos ventos
o meu renascimento
na sua companhia
eu quero estar

eu faço do mar
o meu lar
nas suas bênçãos
eu quero me banhar

"quando eu morrer
voltarei para buscar os instantes
que não vivi junto do mar"
SOPHIA DE MELLO BREYNER ANDRESEN

azul claro 17
azul escuro 79

PREFÁCIO

Palavras fluem pela minha mente o tempo todo. É um pecado deixá-las submersas no meu inconsciente, então as coloco no papel, no bloco de notas do meu computador e também nas mensagens que envio às 3 e pouco da manhã.

Como uma onda forte tingida por um tom escuro de azul, é assim que me sinto quando escrevo. Sem esperar, decidi registrar os momentos que vivi e ainda vivo.

Decidi registrar as marcas bonitas e as marcas feias deixadas no meu corpo e na minha alma por pessoas que, em algum momento deste plano, compartilharam suas vidas com a minha.

Marcas que enchem minha cabeça de nostalgia. Marcas deixadas por lugares que, à primeira vista, senti que já conhecia.

Posso escrever enquanto estou me banhando no mar. Posso escrever quando estou no olho do furacão, quando estou voando com os ventos gerados pelas tempestades de verão.

Posso escrever sobre você!

AZUL CLARO

você me deixaria escrever sobre você?

CHANCE

no mês de junho, deparei-me com o teu rosto
brilhando com suor, um abraço radiante
em tua pele dourada, um tom de graça
um brilho como ouro, uma busca transcendente

mais do que palavras podem expressar
senti que deveria permanecer
enxuguei tuas lágrimas a rolar
curei tuas feridas, pude entender

tu me concedeste uma chance
para provar o amor em sua abrangência
no mês da dança do romance
abraçando quem sou, sem resistência

forte e repleto de esperança a arder
elevei-me, cresci, busquei merecer
em teu calor, almejo florescer
resplandecer, aquecer, nunca fenecer.

vinicius santana

ANJOS E ATALHOS PARA O CÉU

compreendo o que amei
a verdade não negarei
esse foi meu pecado marcante
mas nenhum remorso me habita, adiante

café é um amor que supera você
entretanto, afeição por você é sincera
às vezes, sua falta se revela em mim
não contente com o fim, assim diz meu instinto

creio em anjos que pairam com graça
em mim e em você
sempre zelando com cuidado e devoção
essa crença no coração permanece em ação

quando disseste que permaneceríamos juntos
como tempestade que calma principia e desponta
nossos destinos tragicamente se alinharam
onde estamos agora, indagações me atingem, eis o drama

quando afirmava que unidos seguiríamos
inocência presente, sonhos se erguiam
imprevisíveis como um filme de almodóvar
a cena se desdobra, para onde irá desvelar?

você me deixaria escrever sobre você?

na crença firme em anjos transcendentais
eu, você, ligados em laços abismais
mesmo na solidão, eles estão a zelar
sua presença constante, sem cessar

fumei cigarros, acessei o ardor
coração em chamas, emoções sem temor
cada brinde foi em teu nome erguido
tua memória, meu ser nunca esquecido

se voltasses, eu poderia restaurar o perdido
homens cruzaram caminhos, confundido
todavia, solidão tua escolha abraçou
meu coração ausente, na noite ficou

apesar da resistência, como cigarros que se vão
desvanecendo-se, assim é o coração

como nos anjos em que deposito confiança
de você, nunca me canso.

VIOLETAS

em busca de diversão
envolvido em seu abraço
registrando violetas ao nosso redor
o tempo nunca foi meu amigo
quando meu pedido era
esquecer você

grama verde
céu azul
e nuvens brancas
eu poderia habitar aqui infinitamente!

em seus braços é onde desejo permanecer
permita-me encontrar segurança ao seu lado

grama verde
céu azul
e nuvens brancas

com você!

você me deixaria escrever sobre você?

há pensamentos sobre nós que guardo
palavras não ditas, segredos ocultos
momentos que me lembro, memórias desdobram
esquecidas, nunca envelhecerão

histórias construídas, firmes ficaram
mesmo que pudesse, nunca as destruaria
quando contigo, tudo está bem
neste momento, ainda está

eu poderia viver aqui para sempre
com você!

coisas que causaram dor, feriram tão fundo
apenas por você podem sarar e permear
se rochas caírem, sei onde saltar
ao seu lado, o que desejo preservar

grama verde
céu azul
e nuvens brancas
eu poderia viver aqui para sempre com você!

pensamentos que deveria compartilhar sobre nós, é verdade
memórias a subjugar, segredos a aplacar
narrativas reescritas, com sentimentos renovados
contudo, nada disso pode se tornar realidade
se ao meu lado não estiver você

grama verde
céu azul
e nuvens brancas
eu poderia viver aqui para sempre...
com você!

o mundo está em guerra

mas sinto-me seguro

NO CLAREAR DOS SEUS RAIOS

você me deixaria escrever sobre você?

VIAJANTE

todas as luzes
brilham por ti
verde, branco e azul
cada vez que recordo
é do jeito que gosto
como num filme
tu sorri

viajero
    baño del mar
        mi amor
            tropical...

encontre-me
na noite
arrasta-me
para o salão
a todo momento eu te espero
como um pecador
espera pela salvação

o verão é quente
interminável
eu te aguardo
o tempo que for necessário

no calor noturno
não posso imaginar
todas as luzes apagadas
se não voltares

pele bronzeada
pelo sol
esperando
o alvorecer
sorvete
de baunilha
tão doce
quanto tu

no suave
clarear solar
chama pelo meu nome
quando regressares

        viajar por el tropical
      bañarse en el agua del mar
   mi amor
con usted quiero amar...

você me deixaria escrever sobre você?

PARAÍSO

você sabe onde me encontrar!

no silêncio
criado pela noite
ouvi tua chegada
apanhou-me
enquanto filmes antigos desfilavam na tv
bebericando refrigerante de cola com vodca
é como costumávamos fazer no verão

para sempre pode ser tempo demais
mas compensa
se for contigo

todas as sextas, navegamos por festas malsucedidas
retornamos
enquanto os outros ainda estão chegando

cada homem merece alcançar o paraíso
prometi um dia conduzir-te até lá
e posso cumprir isso
antes que a noite se vá

destinados a sermos indóceis
ainda temos o nosso destino
escrito no cosmo celeste

mesmo que seja errado
fumando e bebendo
assim é como vivemos

festas podem ser agradáveis
porém, nada supera o ato de beber contigo
poderia gravar nossos nomes nas árvores
para deixar tudo um tanto clichê

cada homem merece alcançar o paraíso
prometo levar-te até lá nesta noite
estás preparado?

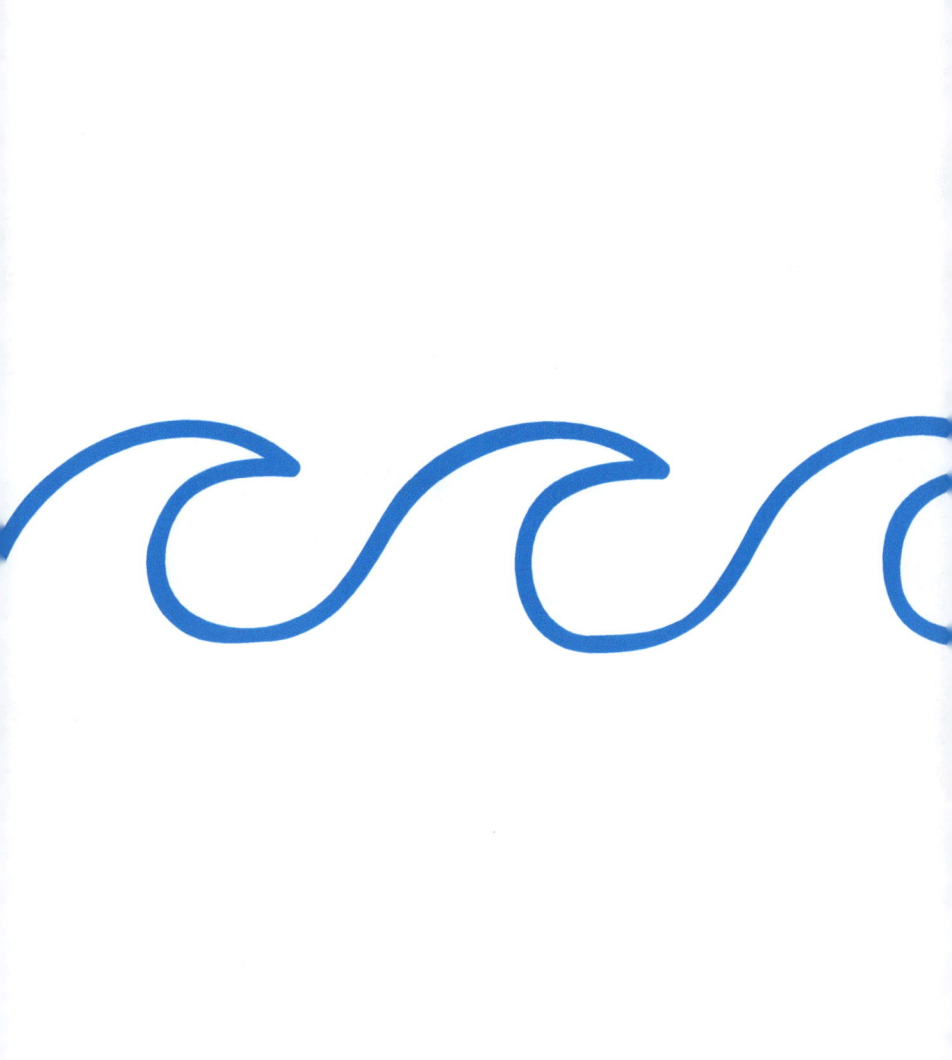

bom é quando estou com você

NAS ÁGUAS DO MAR

você me deixaria escrever sobre você?

ARCO-ÍRIS SOB O MAR

arco-íris sob o mar
navegando em águas rasas
se me beijares
jamais me esquecerás

cada dia é como uma onda
ao longo da nossa orla predileta no mundo
ao meu lado, enlouquecerás

se puderes
seguir-me nesta vida
ao meu paraíso
é lá que desejo que vás
liberdade, lá encontrarás

se o medo não te assombrar
uma nova chance o aguarda
somos como a natureza nos fez
em ti
uma nova vida surgirá

se puderes
acompanhar-me
pelos areais rosados
é para onde almejo que te dirijas
lá saberás como chegar

você me deixaria escrever sobre você?

perceber o aroma
da chuva de verão
localiza-me
nos ossos da península
no mês de fevereiro
encontros amorosos se unirão

ruas de pedras
licor de café nas mãos
tudo é sublime
quando estou contigo nas águas do mar
lá é o lugar onde nosso amor pode se manifestar

se puderes
acompanhar-me
eu sei que o farás
ao meu paraíso íntimo
caíras apaixonado!

tu
te apaixonarás
por mim!

você me deixaria escrever sobre você?

NOVAS PRAIAS

andando entre pedras sobre pedras
eu te encontrei
meu coração acelerou
quando te olhei
naquele instante, eu percebi...
eu poderia amar você

em busca de novas praias
caminhando sobre areias quentes
meus pés suportam o calor

procurando por novas praias
me encontrei ao te encontrar
e então senti que eu poderia te amar

e agora que tenho você
quero me envolver em teu corpo

não me deixe partir
quando
eu
entrar

quando eu adentrar
o teu coração

apenas me deixe entrar

porque eu te amo
e eu amo amar você

eu poderia ouvir você
eu poderia te olhar
durante toda a luz do luar

e eu mergulho profundamente
em teu corpo
eu mergulho profundamente
no oceano dos teus olhos

eu mergulho profundamente em tua mente
eu mergulho profundamente em você

em busca de novas praias
seguindo a luz do farol
ela me guia para onde devo chegar

brilho nos olhos
fogo
calor
e verão

juntos no pôr do sol

você me deixaria escrever sobre você?

sua pele dourada encontra a minha
seu sorriso brilha como a lua
me leve para longe

no âmago
profundo em seu coração
é onde desejo ingressar

deixe-me
entrar
agora

porque amo você
e amo amar você

eu poderia ouvir você
eu poderia olhar para você
durante toda a luz do luar

e eu mergulho fundo
em seu corpo
eu mergulho fundo
no oceano dos teus olhos

eu mergulho fundo em sua mente
eu mergulho fundo em você

buscando novas praias
seguindo a luz do sol

sinta-me em seu colo
permita-me descansar

eu posso
amar você.

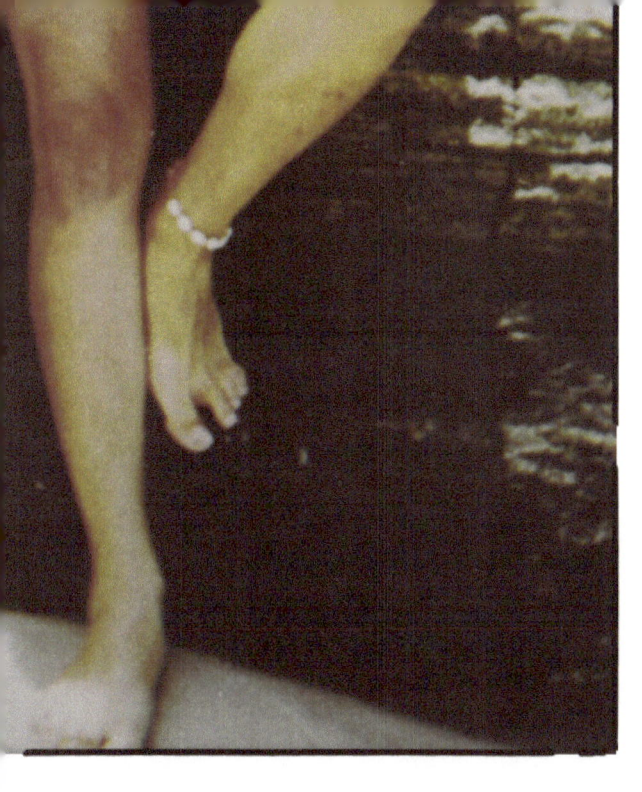

vinicius santana

TRÊS MULHERES

cada vitória que alcancei na vida
é uma oferenda a três mulheres queridas:
mãe, suporte dos meus primeiros passos,
avó, com sua sabedoria a iluminar nossos corações,
    irmã, cúmplice e amiga na arte da vida.

amadas mulheres, em vocês floresce a força
poderosas almas, essência da vida
nenhuma sombra as toca
com graça e bravura, destilam virtude e luz

cada conquista, um tributo à sabedoria materna
mãe, teu amor é farol na noite mais escura
avó, és memória e história
    irmã, tua presença é poesia, uma vida de glória

mulheres fortes, pilares de minha jornada
poderosas, em cada ação encantada
no universo vasto, estrelas brilhantes
cintilando inspiração, amparo constante

nenhum poder no mundo ousaria tentar
manchar a grandeza das almas que aqui estão a brilhar
oh, musas da vida, colunas de amor e verdade
por vocês, dedico minha gratidão e lealdade.

mesmo nas mais violentas tempestades

eu consigo encontrar paz

porque sei que comigo

VOCÊ SEMPRE ESTÁ

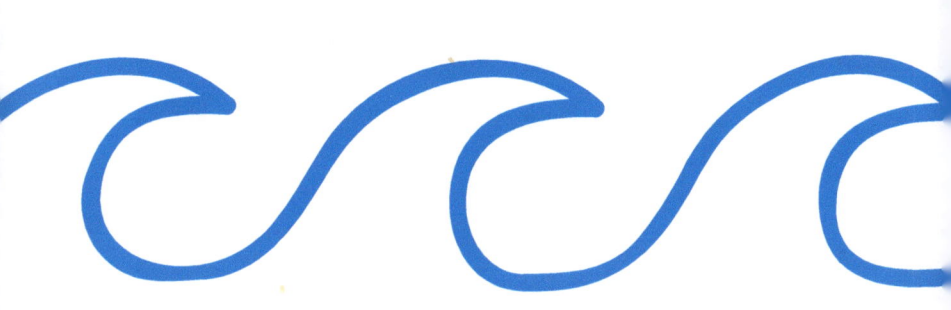

ANJOS

eu tenho uma ideia de diversão
contando com a tua participação
até mim tu podes vir, quando resolver
meu plano é simples
fácil de jogar, não precisas hesitar
quando chegar, só aproveitar

    AMOR
torna-se um sentimento fácil de desvendar
ao tocares meus lábios
congelando meu corpo, a pulsar
a luz que emana dos teus olhos, a brilhar
mas me cega, tão forte a irradiar

você me deixa tão cego!

você me deixaria escrever sobre você?

estar contigo é como eu me sinto
no paraíso

anjos, olhem para nós agora!

sob o êxtase
que o suave toque dos teus dedos provoca
com os meus entrelaçados

nem toda luz
nem todo o ruído
nos acordarão
no instante em que teus lábios tocarem os meus!

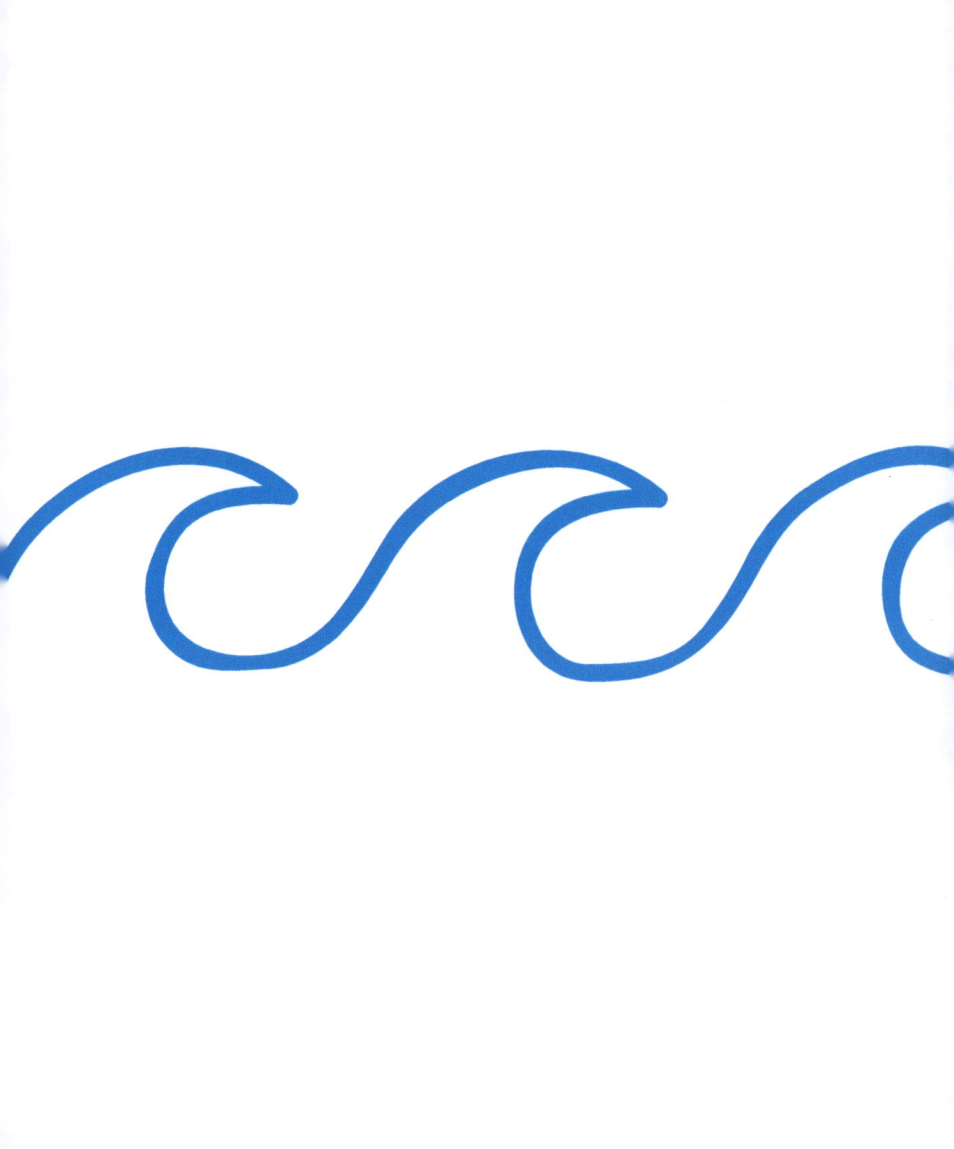

não busque
de maneira desesperada por

AMIZADE E AMOR

OBSESSÃO

você poderia me filmar
enquanto repouso na relva
deixo a água me banhar

se eu mover os pés
como nos velhos filmes românticos
você se sentiria atraído?

se eu brincar com o amor por você
enquanto tenta me beijar
eu sei que você tentaria...

aproveite enquanto não há olhos curiosos
não posso evitar provocar você
quando vejo o quanto me quer

porque eu posso fazer o que você quiser
mi amor
es su obsesión
desde que você me deixe ser mau

eu gosto de ser mau com você

posso colocar a cereja em seus lábios
antes de beijá-lo
mi amor
es su obsesión
desde que você me deixe ser mau

eu gosto de ser mau com você

você me deixaria escrever sobre você?

assim, sei que não pode resistir
deixe suas fantasias ocuparem o lugar
enquanto você me assiste na tela do seu celular

mi amor
es su obsesión

seus olhos
brilham como fogo
seu nome
estou chamando
consegue ver o quanto eu também o quero?

qual é a sensação do seu prazer?
posso realizá-lo
para você

eu sei o que você quer
e vou lhe dar
se você vier

se eu entrar em seu carro
você pode acelerar um pouco mais?
sinto meu corpo arder!

porque eu posso fazer o que você quiser
mi amor
es su obsesión
desde que você me deixe ser mau

eu gosto de ser mau com você

posso colocar a cereja em seus lábios
antes de beijá-lo
mi amor
es su obsesión
desde que você me deixe ser mau

eu gosto de ser mau com você

assim, sei que não pode resistir
deixe suas fantasias ocuparem o lugar
enquanto você me assiste na tela do seu celular

eu sei o que você quer
e vou lher dar
se você vier.

vinicius santana

EU PODERIA CONTAR AS ESTRELAS PARA VOCÊ

tocando violão
você faz isso com maestria

uma canção qualquer
apenas para começar

gosto do aroma amadeirado que exala
minha obsessão quando o vejo

eu poderia
ou deveria
dizer a você
o que penso
quando está
em movimento

penso que deveria estar ao meu lado
hoje
amanhã
e quem sabe para sempre?

porque juntos
somos nós
contra o mundo

você me deixaria escrever sobre você?

poderíamos ficar aqui por um tempo
apenas para que nos observem
enquanto caminhamos na areia

beije-me enquanto eu sussurro
o quanto te amo
eu poderia contar as estrelas para você

na perigosa jornada noturna
mantenho a atenção
somos eu e você
sem preocupação

deveria ter imaginado
a confusão na minha mente
desde o início, você se uniu a mim
isso é o que penso

apenas venha até mim
mova-se o mais rápido que puder
eu sei que você é capaz

porque juntos
somos nós
contra o mundo

poderíamos ficar aqui por um tempo
apenas para que nos observem
enquanto caminhamos na areia

beije-me enquanto eu sussurro o quanto eu amo você

eu poderia
contar as estrelas
para você.

seja você

INDEPENDENTE DO QUE IRÃO DIZER

você me deixaria escrever sobre você?

REGISTRO

desrespeitei as regras
ao tocar teus lábios
agarrei-me em ti
quando prestes a cair

sinto-me mais vivo agora
pois tenho a oportunidade
de escrever

teu nome não se desvanece da mente
por um momento, achei-me no paraíso
enquanto nos abraçávamos

é o que ocorre
quando pego
por um escritor

não te preocupes
apenas o eternizarei
com minhas palavras

é o que ocorre
quando pego
por um escritor

vinicius santana

cuidarei de você
com meu amor mais puro
serei aquele
que te protege na escuridão

sobre ti escreverei

sentia-me desanimado
enquanto te chamava
nas páginas em branco
escrevo teu nome

gostaria
ou talvez pudesse
ter tido a chance
de reescrever o começo do enredo?

atravessei todas as estações
e sobrevivi para contar
deixarei registrado
quem pude amar

é o que ocorre
quando pego
por um escritor

cuidarei de ti
com meu mais puro amor.

AZUL ESCURO

vinicius santana

EU PERDI VOCÊ PARA A MULTIDÃO

por muito tempo, busquei quem sou
encontrei-me ao encontrar o teu amor
meu quadril se move a cada passo que dou

eles nos olham
como se fôssemos estranhos
as pessoas nos observam
curiosas, sem entender quem somos

sinto desespero quando te perco na multidão
enquanto sozinho te encontro
brilhando como farol
tento não me importar
mas é difícil quando todos param para te olhar

sinto desespero quando não te acho
sob o pálido luar
tento não me importar
mas é difícil para mim
e neste momento, te perdi

você me deixaria escrever sobre você?

em meus sonhos
induzes o que mais temo

quantas pessoas precisarão nos observar
para entender quem somos?

olham-nos como se fôssemos estranhos
curiosas, sem entender quem somos

não posso me imaginar
sem ti para me fazer dançar

sinto desespero quando te perco na multidão
enquanto sozinho te encontro
brilhando como farol
tento não me importar
mas é difícil quando todos param para te olhar

sinto desespero quando não te acho
sob o pálido luar
tento não me importar
mas é difícil para mim
e neste momento, te perdi para a multidão

não posso imaginar
uma luz mais intensa que a tua
para me iluminar

estou preso a algo
que infinitamente me atrai para ti

é difícil para mim
e neste momento, te perdi...

eu poderia explorar
cada parte do seu corpo
mas o que desejo é apenas

O SEU CORAÇÃO

você me deixaria escrever sobre você?

SEM VOCÊ

nuvens ardentes
no céu do entardecer
posso ser um oceano
para as tuas ondas

tu incendiavas minha alma
a cada chamado teu
o que acabou de ocorrer
o que poderia vir a seguir

eu poderia ter morrido ali mesmo
na imersão desse profundo amor
ficava sem ar
e tu me trazias de volta

só desejo que o mundo não acabe
quando fecho meus olhos à noite
mas é tudo tão escuro
quando durmo sem você

amores em declínio
poeta em frustração
como tudo acabou
não chegou às páginas

meu coração divino!
meu grande amor!
a melhor parte de mim
contigo se foi...

entre ficares
ou partires
essa é uma dicotomia
que eu preferiria que não existisse

só não desejava que o mundo acabasse assim
ao fechar os olhos à noite
tudo é tão sombrio
sem você

chama-me
apenas mais uma vez
para acender
o que no meu peito se apagou

só não desejava que o mundo acabasse
nesta noite
está chegando ao fim
sem você.

vinicius santana
EU VOU ESPERAR POR VOCÊ

aonde você foi?
bem longe, acredito eu
chegando ao fundo do teu ser

lá é onde podes te encontrar

eu disse
quão árdua a vida pode ser
mas tu sempre estiveste aqui

agora, estou despedaçado

vou esperar por ti
no nosso banco do parque
naquele velho quarto de hotel

no centro da cidade ou na chuva de verão

o pedido foi feito
para que eu continue
mas não posso prosseguir

sem você para me ajudar

você me deixaria escrever sobre você?

paraísos perdidos
costumam ser violentos
paraísos violentos

encontra-os sem medo

meus anseios
me incitam a ir
ao local onde costumávamos nos encontrar

onde está a nossa história?

vou esperar por ti
no nosso banco do parque
naquele velho quarto de hotel

no centro da cidade ou na chuva de verão

eu
jamais funcionarei
sem você!

O ÚLTIMO SOM

no crepúsculo do outono
caminhando pela estrada
cheguei à praia solitária
conheci um velho homem
que me orientou pelo caminho
para onde desejava ir
eu não sabia em quem confiar
mas confiei na bela, bela luz de seus olhos
   uma vez na vida
   nos estranhos você deve confiar
no fim disso tudo, ele disse:
   você pode encontrar deus
   ou pode encontrar o diabo
você está só
em sua velha solidão
nela você tem seu lugar
nela você faz seu lugar
celebre sua única presença
abraçe sua honestidade
caminhe com seus valores
   e nada poderá dar errado!

                    você me deixaria escrever sobre você?

se você acredita no poder de Deus
caminhe pela luz.
    fuja da escuridão!
embriaguei-me com minha bebida favorita
tomei minha última pílula
olhei fundo nos meus olhos
frente ao reflexo gerado pela luz da lua
na água do mar
e então eu pude enxergar...
    não há nada pior no mundo
    do que um homem sem fé!
eu tenho o meu silêncio
para onde eu devo ir?
saudosa vida noturna...
relaxe seus músculos
ouça o silêncio
contemple o último som da vida
    e você estará no lugar
    que estava a procurar.

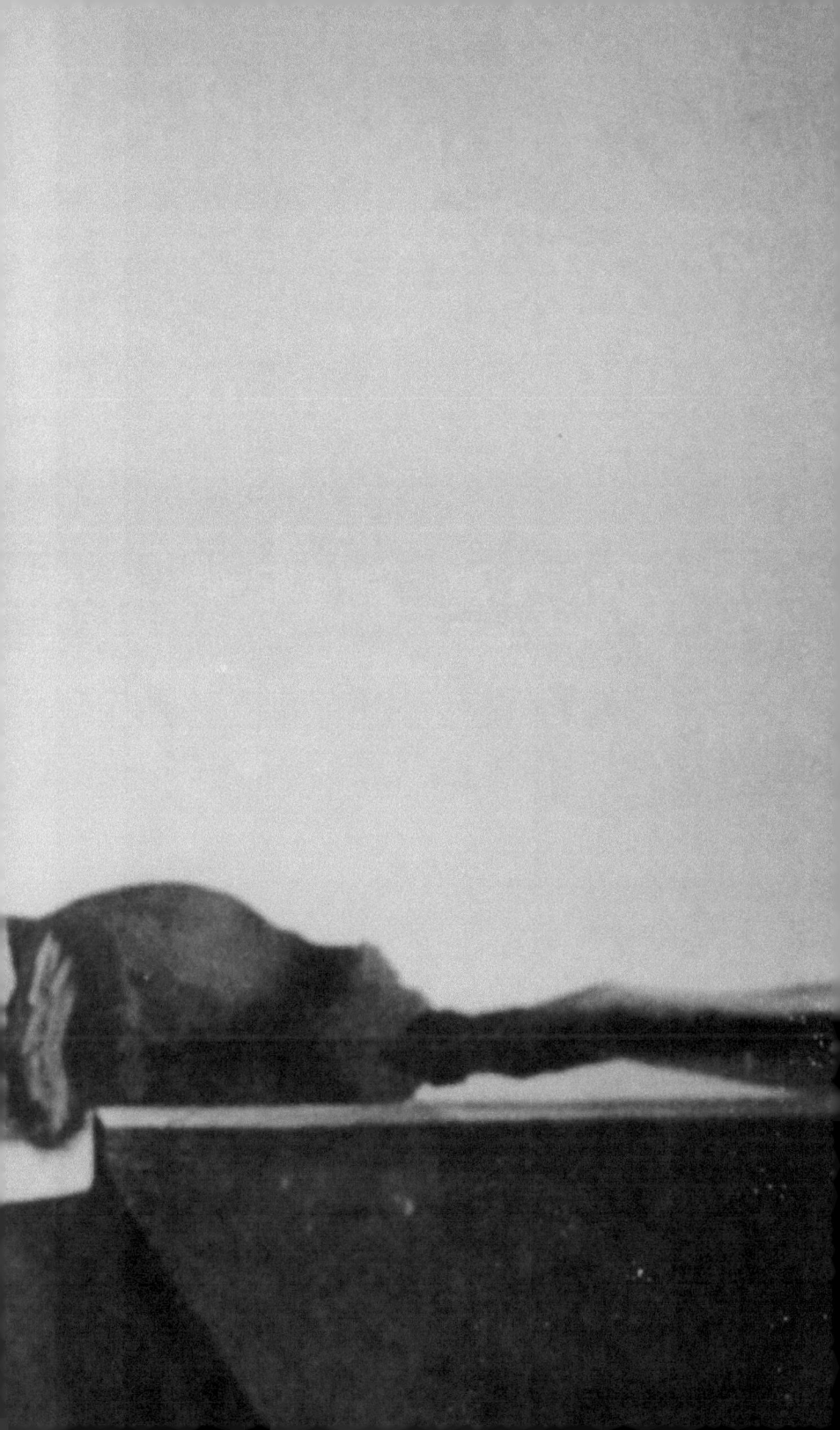

eu quero

o seu drama

A SUA LOUCURA

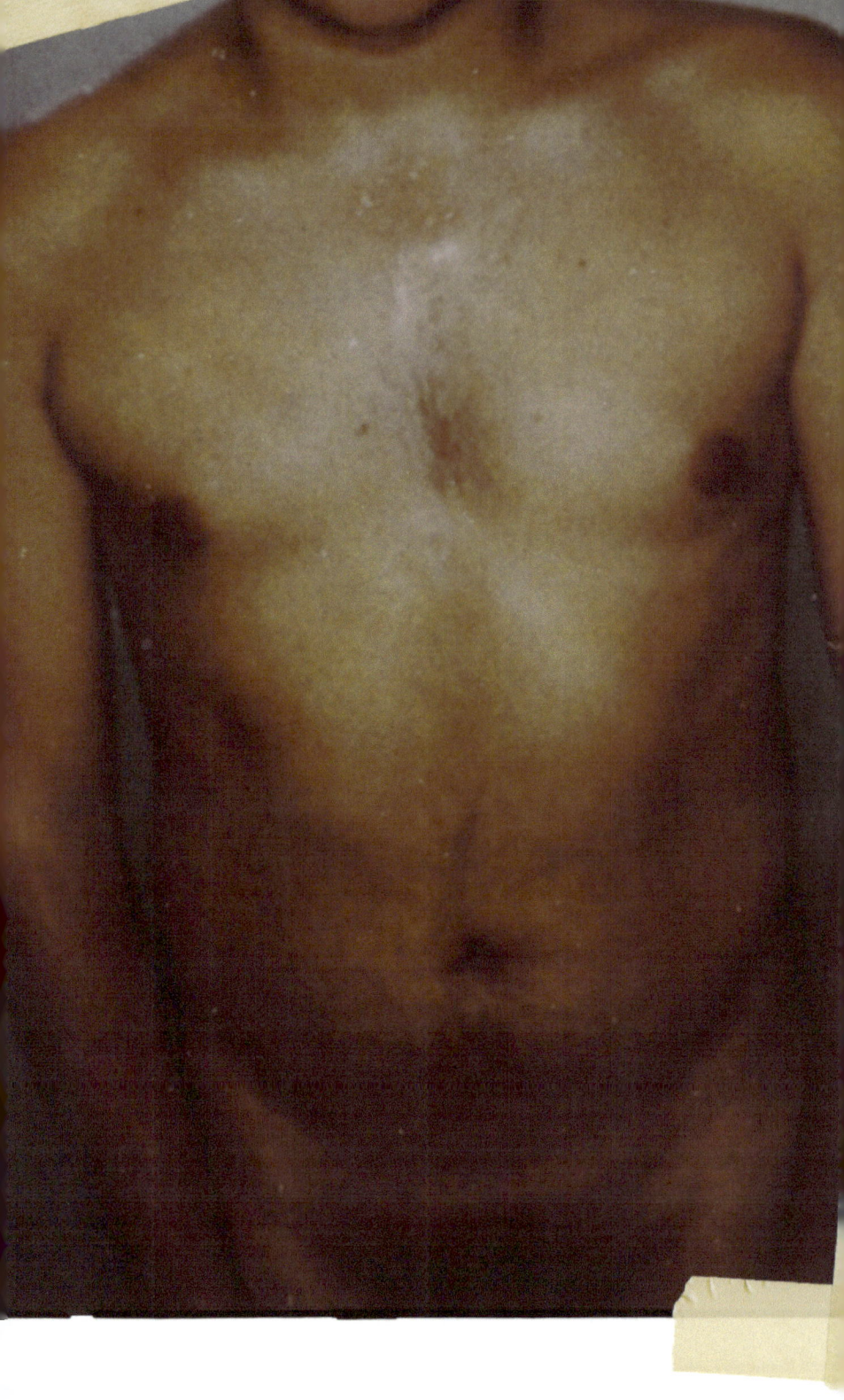

você me deixaria escrever sobre você?

POETA

o poeta na noite
buscando palavras
que se encaixem na mente
em busca de amores
que não cabem no coração

olhando ao redor
monstros em todas as direções
mantendo o foco
na noite, o mal pertence aos reis
e os reis pertencem à perversidade

quão suave é o toque da morte
apertado é o abraço da noite
almas vagam entre bares
lotados e baratos
o poeta tece sua narrativa

o prazer que ele concede
na umidade de qualquer quarto
entre santos e orixás
na fumaça do cigarro a queimar

sexo
é deleite dos deuses

    sexo é perversão dos deuses

vinicius santana

corpos resistem à decadência
imbuídos de álcool
eletrizantes como neon
ele pode estar em seus braços
antes que a noite diga adeus

o sangue
que do poeta derrama
a música
que, ao balançar dos membros
altera sua vibração

visões turvas
caligrafia arranhada
mas não mais que sua voz
que, ao cantar o hino da madrugada,
falha!

é apenas mais uma voz
sem emoção
entre tantas outras
que às 3 da manhã ecoam pelas ruas

    sem direção

você me deixaria escrever sobre você?

em outra perspectiva
fantasiando
um novo deus
quem ele cria
é quem destrói

a beleza
que dos olhos escorre
lágrimas salgadas
misturadas com saliva
morrem no soluço

mentes em êxtase absoluto

ele continua
à procura
de alguém que em seu peito
não possa habitar

luz vermelha
dor vermelha

fuja do poeta
antes que ele te adoeça

antes que sobre você ele escreva.

poeta na Noite

você me deixaria escrever sobre você?

PASSIVO-AGRESSIVO

talvez eu não esteja sempre presente
talvez eu não tenha a intenção de te ferir
nesta noite
enquanto lamento
por não ser suficiente para você

porque eu sou passivo-agressivo
quando me machucas
eu me envolvo com outro alguém

eu sou passivo-agressivo
torno-me passivo-agressivo
quando estou contigo

a cada ferida, me afasto mais
até que de mim não reste nada

poderás me encontrar
no aroma de tuas roupas
em cada detalhe do teu quarto
é onde permanecerei a noite inteira

vinicius santana

sou os fios de cabelo
perdidos em teu travesseiro
sou a impressão digital
encontrada em tua arma

continuarei a lamentar
por não conseguir ver a dor
por trás de tuas lágrimas

pois eu compactuo com teus atos
anseio pela força do teu amor
enquanto és meu algoz com tuas drogas

eu compactuo com teus atos
torno-me cúmplice de teus atos
posso mentir até que de mim nada reste

a cada ferida, me afasto mais
até que de mim não reste nada

poderás me encontrar
no aroma de tuas roupas
em cada detalhe do teu quarto
é onde permanecerei a noite inteira

você me deixaria escrever sobre você?

perdi-me de ti
na névoa tingida pelo sol

no falso jogo do amor
tu perdeste para mim

procurando uma dose de prazer
encontraste tudo o que precisavas
em mim

eu sou passivo-agressivo
quando estou contigo

mesmo que eu compactue com teus atos
pode ser que amanhã de manhã
eu não esteja aqui...

me ama

ou só me quer

NA CAMA?

me alcoolizei

para não pensar em você

NA MADRUGADA EU TE LIGUEI

você me deixaria escrever sobre você?

DECLARAÇÃO DOS REJEITADOS

eu sou o filho
eu sou a criança

uma sombra perdida

esquecida na linha tênue
entre o bem e o mal

crescendo e aprendendo
pelo caminho certo para mim

eu sou a sombra formada pelos seus medos

caminhando entre o vale dos esquecidos
ansiando por uma gota de esperança

eu sou o início
eu sou o fim

eu sou um pecador criminoso envolto em sangue
escrevendo meu próprio destino

crescendo e aprendendo sobre os meus iguais

eu sou humano
o filho não desejado
eu sou eu.

não é possível mudar

a narrativa

DO QUE VERDADEIRAMENTE SOMOS

O FIM

I

eu deixarei uma carta
clara como o entardecer alaranjado
não quero mal-entendidos
quando não puder me explicar

eu lhe direi
o que você realmente precisa saber
não é sobre quando eu planejei
ou sobre o que eu pensei

mas, de qualquer maneira, talvez seja o que você queira ler
coração de ouro, olhos de cristal
deixarei uma carta sob a grama
e essa é a última coisa que escreverei

nunca mais escreverei...

você me deixaria escrever sobre você?

II

falarei do céu azul
da água salgada do mar
das ondas na mente
quando o sol encerrava o clarear

de todos os corações
por mim enfeitiçados
o seu foi o melhor
de ser arruinado

falarei do céu
e de como estava
da falta que senti
de quem me amava

falarei do céu
e da chuva
que sobre nós
ele derramava

como amei e fui amado
isso também será escrito
nem tudo será verdade
como já é previsível

vinicius santana

falarei do céu
sobre as nuvens do céu
infinito azul do céu
majestoso céu

o amor pela liberdade
a crença na bondade
o castelo de areia pronto para ruir
as lutas que enfrentei para ao mau não me curvar

você me deixaria escrever sobre você?

III

nos braços da tempestade
é onde encontrarei conforto

pássaros azuis sob o mar
tardes quentes de verão

sobre amores despedaçados
uma carta é tudo o que posso deixar

olá, paraíso
água salgada do mar

sinto-me vivo
sob os ventos de oyá

uma carta com caligrafia arranhada
é tudo o que posso deixar

espero que goste de ler
o que escrevi para você.

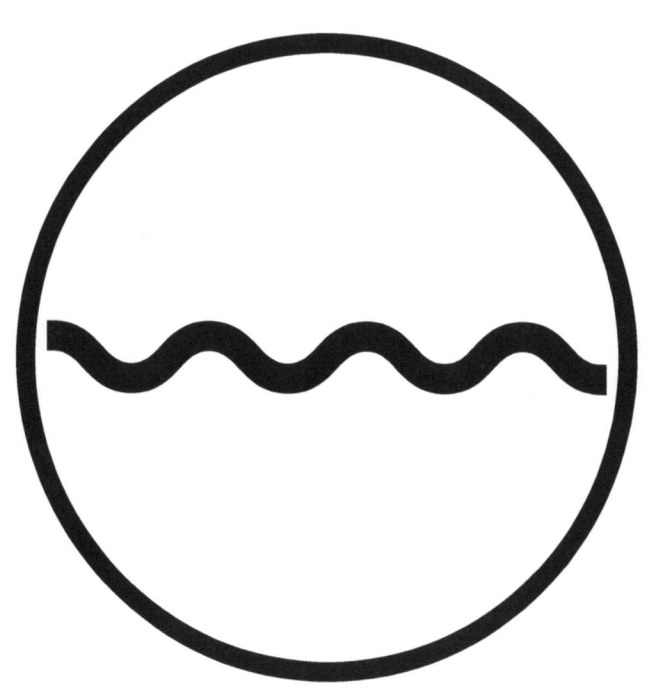

OBRIGADO

Mãe - Por confiar em mim, por acreditar nos meus sonhos, por me levantar todas as manhãs... Eu te amo!

Gaby - Você é a minha irmã de todas as vidas. Sem você eu não consigo me encontrar quando estou perdido. Você é a minha inspiração! Você é a minha luz!

Minhas avós - Vocês são minhas mães, minhas educadoras. A história que as senhoras trazem na bagagem, me motiva a ser a cada dia um novo homem.

Pai - O senhor me deu a coragem para enfrentar o mundo. Me deu o seu afeto. Me deu a sua determinação. O senhor entregou a mim o seu amor. Eu te amo!

Laura - Não há filosofia que possa explicar a nossa conexão. Eu e você somos uma só alma.

Professor Olney - Eu nunca esquecerei o nome do senhor! Eu nunca esquecerei o apoio incondicional que eu recebi do ser humano bondoso que é o senhor! Obrigado, obrigado e obrigado!

M. - Quando alguém está ao seu lado desde a maternidade, é inevitável que seja compartilhada uma jornada por esta vida. Parte da minha jornada eu compartilhei com você.

você me deixaria escrever sobre você?

você me deixaria escrever sobre você?

CRÉDITOS DE IMAGENS

Todas as imagens deste livro são importantes para mim. As fotografias são compostas pela energia que estava vibrando ao meu redor no momento em que foram registradas. Cada pintura representa muitos dos sentimentos que borbulham na minha mente.

Espero que as imagens tenham conseguido transmitir a você toda a beleza que as compõe.

Capa © Vinicius Santana.

Artes digitais nas páginas 4, 6 e 8, 16, 17, 31, 40, 55, 60, 70, 78, 79, 85, 98, 108, 113, 116 e 124 foram criadas pelo autor. © Vinicius Santana.

Fotografias nas páginas 14, 15, 18, 22, 23, 27, 32, 35, 42, 44, 46, 51, 53, 59, 69, 76, 77, 86, 92, 93, 100, 104 e 125 foram registradas pelo autor. © Vinicius Santana. O aplicativo móvel Unfold © Unfold Creative LLC (the "Company") foi utilizado na edição das fotografias.

Artes digitais nas páginas 30, 41, 54, 61, 71, 84, 99, 109, 112 e 117 foram criadas pelo autor. © Vinicius Santana. O aplicativo móvel Unfold © Unfold Creative LLC (the "Company") foi utilizado na edição das artes digitais.

Página 10: Katsushika Hokusai (1760-1849), *A Grande Onda de Kanagawa*, 1831, Coleção Privada.

você me deixaria escrever sobre você?

Página 12: Frida Kahlo (1907-1954), *O Que A Água Me Deu*, 1938, Coleção de Daniel Filipacchi, Paris, França. © Frida Kahlo.

Páginas 28 e 29: John William Waterhouse (1849-1917), *Miranda*, 1875, Coleção Privada.

Página 36: Lucas Cranach the Elder (1472-1553), *Adão e Eva*, 1533, Museu Gemäldegalerie, Berlim, Alemanha.

Página 39: Nicolas Poussin (1594-1665), *A Primavera*, 1660-1664, Museu do Louvre, Departamento de Pinturas do Museu do Louvre, Paris, França.

Página 58: William-Adolphe Bouguereau (1825-1905), *O Nascimento de Vênus*, 1879, Museu de Orsay, Paris, França.

Página 65: John William Waterhouse (1849-1917), *Apolo e Dafne*, 1908, Coleção Privada.

Página 72: John William Waterhouse (1849-1917), *A Bola de Cristal*, 1902, Coleção Privada.

Página 75: Edward Poynter (1836-1919), *Orfeu e Eurídice*, 1862, Coleção Privada.

Página 83: Salvador Dali (1904-1989), *A Poesia Da América (inacabado)*, 1943, Teatro-Museu Dalí, Figueres, Girona, Espanha. © Salvador Dali.

Página 89: Alexandre Cabanel (1823-1889), *O Nascimento de Vênus*, 1863, Museu de Orsay, Paris, França.

Páginas 93 e 97: Salvador Dali (1904-1989), *A Imagem Real da Ilha Dos Mortos Por Arnold Böcklin na Hora Do Angelus*, 1932, Museu Von der Heydt, Wuppertal, Alemanha. © Salvador Dali.

Páginas 110 e 111: Vincent van Gogh (1853-1890), *O Terraço do Café na Place du Forum, Arles, à Noite*, 1888, Museu Kröller-Müller, Otterlo, Holanda.

Página 114: William-Adolphe Bouguereau (1825-1905), *Dante e Virgílio no Inferno*, 1850, Museu de Orsay, Paris, França.

Páginas 118 e 119: Michelangelo (1475-1564), *A Criação de Adão*, 1510, Capela Sistina, Vaticano.

você me deixaria escrever sobre você?

Você me deixaria escrever sobre você?
Vinicius Santana

Instagram @vinicsantan
Twitter @vinicsantan

junho de 2019

www.ingramcontent.com/pod-product-compliance
Lightning Source LLC
Chambersburg PA
CBHW042321150426
43192CB00001B/10